青少年运动技能等级标准与测试方法丛书

# 青少年保龄球运动技能等级标准与测试方法

全国青少年运动技能等级标准研制组　组编

科学出版社

北京

## 内 容 简 介

本书介绍了青少年保龄球运动技能等级标准与测试方法，主要内容包括测试场地、器材、设备及人员配备要求，测试的总体要求，各等级测试科目，一～九级测试方法。各级测试方法中规定了该测试的方法及要求、评分方法，并对测试过程中的动作辅以图示及说明。

本书可供国家及各级教育主管部门、体育主管部门，各级体育协会，体育院校及中小学校，社会性体育培训组织相关单位人员参考、使用。

---

**图书在版编目(CIP)数据**

青少年保龄球运动技能等级标准与测试方法 / 全国青少年运动技能等级标准研制组组编. -- 北京：科学出版社，2024. 9. -- (青少年运动技能等级标准与测试方法丛书). -- ISBN 978-7-03-079418-5

I . G849.4-49

中国国家版本馆CIP数据核字第2024P9J153号

责任编辑：张佳仪 / 责任校对：谭宏宇
责任印制：黄晓鸣 / 封面设计：殷　靓

科 学 出 版 社　出版
北京东黄城根北街16号
邮政编码：100717
http://www.sciencep.com

上海景条印刷有限公司印刷
科学出版社发行　各地新华书店经销

\*

2024年9月第 一 版　开本：B5（720×1000）
2024年9月第一次印刷　印张：5 3/4
字数：91 000
**定价：70.00元**
（如有印装质量问题，我社负责调换）

# "青少年运动技能等级标准与测试方法丛书"
# 编辑委员会

**主　编**

陈佩杰　唐　炎

**副主编**

蔡玉军　丁　力

**编　委**

（按姓氏笔画排序）

| | | | | | | |
|---|---|---|---|---|---|---|
| 丁海勇 | 马古兰丹姆 | 马吉光 | 王健清 | 卢志泉 | 史芙英 | 朱　东 |
| 朱江华 | 刘东宁 | 刘善德 | 李　菁 | 李玉章 | 李博文 | 李赟涛 |
| 杨小凤 | 陈旭晖 | 陈周业 | 罗晓洁 | 金银日 | 郑鹭宾 | 项贤林 |
| 施之皓 | 姜嵘嵘 | 骆　寅 | 袁　勇 | 唐　军 | 黄　卫 | 黄文文 |
| 董众鸣 | 韩春英 | 韩耀刚 | 谭晓缨 | 戴国斌 | | |

# "青少年运动技能等级标准与测试方法丛书"专家指导委员会

（按姓氏笔画排序）

王培锟　叶玮玮　吉　宏　孙麒麟　吴　瑛　邱丕相　何志林
余丽桥　邵　斌　孟范生　梁文冲　虞定海　戴金彪

# 《青少年保龄球运动技能等级标准与测试方法》编辑委员会

**主　编**

陈佩杰　唐　炎

**副主编**

蔡玉军　丁　力

**执行主编**

朱顺德　李东锦　王　晗

**编　委**

（按姓氏笔画排序）

朱钰锦　李　想　张　健　张　鹏
周贞华　袁　号　顾恺颖　徐　浩
黄　晨　蒋　健　潘　静

# 第二版丛书序

2018年4月，我国第一套涵盖11个运动项目的"青少年运动技能等级标准与测试方法"（以下简称"标准"）面向社会公开发布。同期，"标准"丛书由科学出版社正式出版。"标准"自问世以来，得到了教育部、国家体育总局、上海市教委、全国体育行业职业教育教学指导委员会，以及相关运动项目协会的高度肯定和大力支持，对推动青少年体育的发展起到了积极的作用。

截至目前，全国已有16个省（自治区、直辖市）的9 000余名体育工作者接受了"标准"考评员培训，已有27个省（自治区、直辖市）的300余家社会机构组织开展了"青少年运动技能等级标准"测评，参加社会化测试的青少年近万人，有力推动社会力量对青少年体育发展做出贡献。上海市中小学校自2018年将"标准"作为推进学校体育工作的重要抓手，全面开展针对青少年学生的运动技能等级测试以来，到2019年底共测试中小学生超过10万人，测试结果为深入了解青少年学生运动技能掌握的实情、发现体育教学中存在的问题提供了有力参考。同时，针对体操、高尔夫球、羽毛球等项目，创新性地开展了比赛与测试相结合的标准等级赛，极大地激发了青少年参与比赛的热情，丰富了比赛的内涵，提升了青少年参与比赛的获得感，产生了良好的社会效益。

2018年12月，"标准"丛书获得了第27届上海市中小学、幼儿园优秀图书评选活动二等奖。2019年4月，"标准"丛书被列入上海市中小学、幼儿园图书馆（室）图书配置推荐目录。"标准"部分内容也在2019年被上海市初中教材《体育与健身》采纳，正式作为上海市初中生的体育课程学习内容。

"标准"在国内得到多方认可的同时，也受到了国际同行的关注。2019年4月出版的《青少年软式曲棍球运动技能等级标准与测试方法（中英文版）》得到了国际软式曲棍球联合会和亚洲大洋洲软式曲棍球联合会的认证，成为该项目的国际标准。这为"标准"在世界范围内的传播开了先河，彰显了我国青少年体育发展成果的国际影响力。

首批11个运动项目的"标准"出版后，引起了广大体育同行对青少年体育技能发展问题的关注，并积极投入到新"标准"的研制工作中。到目

## 第二版丛书序

前为止，上海体育学院、成都体育学院、沈阳体育学院、哈尔滨体育学院、南京体育学院、宁波大学、上海理工大学、东华大学等单位积极支持科研人员参与到新"标准"的研制中，先后正式出版了软式曲棍球、健美操、体育舞蹈、艺术体操、空竹、跳绳6个项目的"标准"用书。此外，攀岩、轮滑等10余个新兴和时尚运动项目也已被纳入了研制和出版计划。

在首批"标准"的推广应用过程中，部分专家学者及广大使用者对进一步完善"标准"提出了非常宝贵的意见。研制组在对这些意见进行认真梳理和广泛讨论的基础上，决定开展对首批"标准"的完善和升级工作。经过近1年的努力，率先完成了足球、篮球、排球、羽毛球和高尔夫球5个项目的"标准"（第二版）工作。"标准"（第二版）主要有以下一些变化。

一是标齐等级难度。各项目研制组在基于前期测试的基础上，结合专家意见，尽可能标齐了不同项目同一等级的难度，增强了"标准"等级之间的可比性。

二是采用百分制。每一等级测试均采用百分制，提高了"标准"同一等级内的区分度，为中小学校利用"标准"开展学生体育学业评价提供方便。

三是提升测试效率。对部分之前测试较烦琐、耗时较长的科目进行了改进，简化了测试流程，增强了测试简便性，提升了测试效率。

四是提高严谨性。对各项目标准中存在的错误进行修订，对部分测试指标进行调整，并对第一版中的文字、图片和视频进一步完善。

在"标准"投入应用后，广大中小学体育教师、社会体育俱乐部教练对于如何指导青少年学练"标准"各等级测试动作产生了强烈需求。为此，各项目研制组针对各级测试的动作技术关键、易犯错误、教学步骤及学练方法等内容开展了教学指导用书的编写工作，以期"标准"能更好地为青少年体育实践服务。此外，各项目"标准"研制组积极开展人工智能测试工具的研发，为实现全程自动化测试奠定了基础。

不忘初心，方有正确航向。千锤百炼，才能永葆生机。希望通过不断的修订，能够提升"标准"的质量，打造出精品，为青少年的体育发展提供不竭动力。当然，由于研制者学识、能力和水平有限，"标准"丛书可能存在疏漏和不足之处，恳请各项目专家学者和实践应用者提出宝贵意见，以供进一步完善。

陈佩杰 唐炎
2020年4月15日

# 第一版丛书序

2017年11月，国家体育总局、教育部、中央文明办、国家发改委、民政部、财政部和共青团中央7部门联合制定出台了《青少年体育活动促进计划》，明确提出"研究建立青少年运动技能等级评定标准"，并要求"各级教育部门应将运动技能等级纳入学生综合素质评价体系"。运动技能水平是衡量个体体育综合能力的关键指标，让青少年掌握1～2项运动技能是国家对青少年体育教育的基本要求。然而，如何客观有效地评判青少年运动技能的掌握水平，我们还缺乏一套行之有效的标准。毋庸讳言，当前运动技能等级标准的缺失已经成为制约青少年体育改革发展的主要因素。这对学校体育与健康课程改革的效果检验和深入推进、青少年体育素养水平评价的实施及社会性青少年体育培训的规范开展都造成了影响。因此，制定一套能展现运动项目特征、反映运动技能进阶规律、科学性强且便于测试的"青少年运动技能等级标准"（以下简称"标准"）已迫在眉睫。

2016年3月，上海体育学院组建了"标准"研制组并开展相关工作。经过广泛的专题调研和充分的分析讨论后，研制组确立了四等十二级制的"标准"体系构架，并以"标准"指标能反映运动项目的实际运用能力、能反映个体运动技能水平的变化、能促进青少年运动参与的积极性、能与竞技体育运动等级标准有效衔接为基本思路，依托中国乒乓球学院强大的科研力量，以乒乓球运动技能等级标准的研制为突破口，以点带面地推进研制工作。2017年4月12日，研制组首先发布了《青少年乒乓球运动技能等级标准》（以下简称《乒乓球标准》）。《乒乓球标准》的发布得到了中国乒乓球协会与上海市教委相关领导、乒乓球界多位名宿与专家的高度肯定，国家体育总局官网、新华网、环球网等数十家媒体予以报道。在《乒乓球标准》成功发布的基础上，研制组进一步优化研制思路和路径。又历时1年，经过对9 000余名青少年进行测试和数十轮专家研讨，研制组先后完成了足球、篮球、排球、羽毛球、网球、高尔夫球、田径、体操、游泳、武术10个运动项目的"标准"研制工作。上海市学生体育协会对"标准"高度认可，并采纳其全部内容用于促进青少年学生体育活动的开展工作。同时，"标准"已

## 第一版丛书序

作为行业主体在上海市质量技术监督局申请为"团体标准"。"标准"的正式出台对于推动青少年体育发展可以起到以下几方面的作用。第一,"标准"的体系构架能够实现普通青少年与精英运动员的运动技能水平评定的衔接,能够为体育管理部门掌握青少年运动技能等级分布情况、规划运动项目发展方向提供支撑。第二,"标准"的指标设计充分考虑到运动项目参与主体的获得感,青少年在每一阶段的进步均能通过等级的进阶得到证明,从而更好地激发和维持青少年积极参与运动的热情。第三,"标准"在对个体参与测试的资格上添加了运动经历的要素,要求被测试者从进入"提高级"的测试开始,必须要具备相应的运动经历才能参与测试。这样的设置突出了"标准"作为评价工具的发展功能,能够避免青少年将技能等级提升与运动实践相割裂的弊端,从而更好地带动青少年积极运动。第四,"标准"指标体系的科学性及测试方法的便捷性能够为学校开展体育技能教学、评定学生体育技能水平提供技术支撑,能够为教育部门开展学生体育素养测评提供科学便捷的工具,更好地实践体育与健康课程的育人价值。第五,"标准"能够为各种青少年体育培训机构的培训质量提供明确的评价依据。当前,青少年体育培训机构虽然蓬勃发展,但也良莠不齐。评价培训质量的指标较多,而青少年运动技能水平的提升程度无疑才是评价培训质量优劣的重要参考。

从提出研制思路到最终成稿,上海市教委都给予了极大的支持与帮助。同时,上海体育学院国家社会科学基金重大项目"中国儿童青少年体育健身大数据平台建设研究"研究团队从项目设计开始,就将"标准"的研制作为主要的研究任务之一,并形成了专门的研究小组进行技术攻关。此外,各运动项目领域的诸多专家及协会、众多中小学学校及社会性体育培训机构也在本"标准"的研制过程中提供了大量帮助。在此,向所有为"标准"的研制工作贡献力量的人员表示衷心的感谢!

受学识的限制,"标准"肯定存在着诸多不完善的地方。因此,恳请广大专家学者以及应用"标准"的相关机构、组织及个人不吝赐教,多提宝贵意见,为"标准"的进一步完善提供真知灼见!

陈佩杰　唐炎<br>
2018年3月12日

# 编 写 说 明

"青少年运动技能等级标准与测试方法"丛书的编写特点如下：

● **科学性强** 基于万余名青少年的测试数据，经过数十轮专家论证而制定。各等级的测试科目基本涵盖了该项运动的主要技术，体现了运动项目的本质特征和运动技能的进阶规律。

● **客观性强** 研制过程中尽可能采用智能化的测试手段，能够有效避免主观因素的干扰。此外，还对各运动项目的测试场地、器材、设备、考官及被测试者提出了统一要求，从而保证了不同测试基地间测量的可信度。

● **操作性强** 在保证科学性和客观性的基础上，力求各运动项目等级的测试方法更简单易行，耗时更少。

● **引领性强** 不同运动项目的相同等级难度设置基本对等，具有一定的层次性。从"提高级"开始，要求具备相应的运动经历，能够激发和维持青少年的运动参与热情。

● **贯通性强** 能与高水平竞技运动有效衔接，从而实现普通青少年与运动精英在技能上的贯通。

● **直观性强** 各等级测试过程中的动作要点均辅以图片进行说明，且每项测试科目都配有示范内容的视频，通过扫描二维码，即可直观、便捷地了解测试内容与方法。

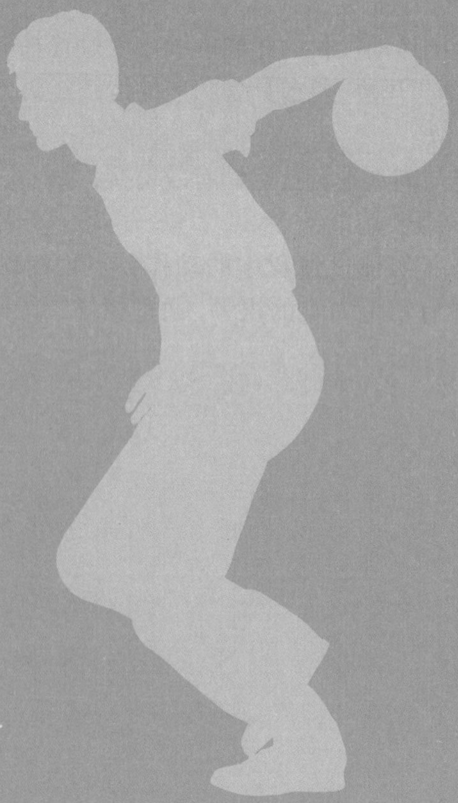

# 目　录

## 测试场地、器材、设备及人员配备要求

场地 ..................................................................03
器材 ..................................................................04
设备 ..................................................................04
人员 ..................................................................04

## 测试的总体要求

测试规则 ..........................................................06
被测试者要求 ..................................................06
考官要求 ..........................................................06
测试场馆要求 ..................................................07

## 各等级测试科目

### 一级测试
科目：基础投球 ..............................................12
达标标准 ..........................................................14

### 二级测试
科目一：基础投球 –5 瓶 ................................16
科目二：左半区定向击打 ................................18
科目三：右半区定向击打 ................................20
达标标准 ..........................................................22

### 三级测试
科目一：基础投球 –7 瓶 ................................24
科目二：左半区定向击打 ................................26
科目三：右半区定向击打 ................................28
达标标准 ..........................................................30

# 目 录

## 四级测试
科目一：半区交替定向击打 ...... 32
科目二：1 号瓶定向击打 ...... 34
科目三：3 局测试赛 ...... 36
达标标准 ...... 38

## 五级测试
科目一：1 号瓶定向击打 ...... 40
科目二：7 号瓶补中 ...... 42
科目三：10 号瓶补中 ...... 44
科目四：4 局测试赛 ...... 46
达标标准 ...... 48

## 六级测试
科目一：1 号瓶定向击打 ...... 50
科目二：7 号瓶补中 ...... 52
科目三：10 号瓶补中 ...... 54
科目四：4 局测试赛 ...... 56
达标标准 ...... 58

## 七级测试
科目一：定点 1-3 位 /1-2 位击球 ...... 60
科目二：7 号 /10 号瓶交替补中 ...... 62
科目三：6 局测试赛 ...... 64
达标标准 ...... 66

## 八级测试
科目一：定点 1-3 位 /1-2 位击球 ...... 68
科目二：7 号 /10 号瓶补中 ...... 70
科目三：6 局测试赛 ...... 72
达标标准 ...... 74

## 九级测试
科目：12 局测试赛 ...... 76
达标标准 ...... 78

# 青少年保龄球运动技能等级标准与测试方法

　　保龄球运动是最古老的运动之一,是集健身、竞技、休闲、趣味于一体的室内体育运动,因其老少皆宜而一直深受人们的喜爱。它不仅能锻炼青少年的手眼协调能力和身体力量,还能培养耐心和团队合作精神。

　　为了更有效地帮助青少年掌握保龄球的运动技巧,有效促进和提高青少年保龄球运动技术水平,同时也为推动和服务于保龄球运动的良好发展,特制订"青少年保龄球运动技能等级标准"(以下简称"标准")。本"标准"在整体上采用四等十二级制。其中,一~三级为入门级,四~六级为提高级,七~九级为专业级,十~十二级为精英级。本"标准"仅针对一~九级,预留十~十二级与高水平运动员等级相衔接。

# 测试场地、器材、设备及人员配备要求

## 场地

测试场地应符合由中国保龄球协会认定的国际保龄球联合会（International Bowling Federation，IBF）最新公布的《保龄球竞赛规则》中对标准场地规格的要求。

助走区规格：从犯规线向后延伸的部分（不包括犯规线）叫助走区，它应为水平无障碍的，长度不小于15英尺（约4.572米），且它的最大凹陷处不得超过1/4英寸（约6.4毫米）。

球道规格：

（1）球道的全长从犯规线起至后槽（不包括后台板）为62英尺10 3/16英寸（约19.156米）。

（2）从犯规线到1号瓶放瓶点中央的距离为60英尺（约18.288米），允许有1/2英寸（约13毫米）的误差。

（3）从1号瓶放瓶点中央到后槽（不包括后台板）的距离为34 3/16英寸（约0.8685米），允许有1/16英寸（约1.5毫米）的误差。

（4）球道的宽度为41 1/2英寸（约1.054米），允许有1/2英寸（约12.7毫米）的误差。

场馆内须具备标准的助走区（合成或木质材质）、球道区及球瓶区（合成材质）。球道上各区域标记线、点必须清晰可见，且具有完好的犯规线感应器，同时场馆需要配备符合要求的全自动球道清洗落油设备。球瓶重量在须3磅6盎司（约1 531克）至3磅10盎司（约1 645克）之间，且为同一批次同一品牌。

测试场馆内各区域须有明确的安全隔离标识、安全警示标识。

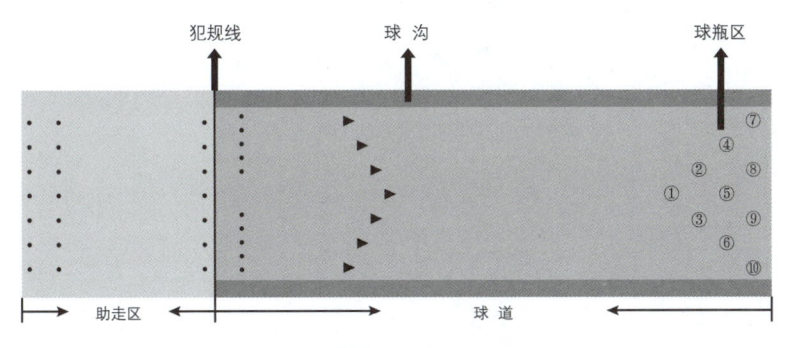

保龄球测试场地示意图

## 器材

一～三级的被测试者可以使用测试场馆的公用保龄球、球鞋等保龄球器材，四级及以上的被测试者必须使用自带的专用保龄球、球鞋等器材，其中保龄球须为1991年1月1日或之后生产、测试时在美国保龄球协会（United States Bowling Congress，USBC）批准的保龄球清单上（在线列表可在https://bowl.com/approved-ball-list网站查询），且在使用时符合中国保龄球协会审定的《保龄球竞赛规则》的要求，具体要求根据每年审定情况在测试前另行公布。测试前，考官须对保龄球进行专业检测，检测通过可在测试中使用。

## 设备

测试场馆需配备辅助应急医用急救包1套，全程录像设备1套，专用电脑2台，配备网络接口，并保障网络通畅。

## 人员

主考官：至少1名。

助考员：2～4名。

其他考务人员：若干名。

经"标准"委员会认可的智能化测试设备器材，可辅助、替代或部分替代人工测试。

# 测试的总体要求

## 测试规则

被测试者首次申请测试可以从任一等级开始，但应对自己水平有一定的预估。首次测试通过后方可申请高一等级的测试，不通过者须降低一等级重新申请。

被测试者完成各等级的测试科目后，各科目测试成绩均为合格，则判定通过该等级测试。各等级测试均依据本"标准"发布的测试规则执行。参加任何等级的测试，保龄球投球均需在合规范围内，投球时，脚不可超越犯规线，同时身体的任何部位不可接触犯规线以内的球道及柱子等建筑。测试中如出现犯规情况，投球次数将被记录，但成绩无效。

各等级测试所用油型均由"标准"委员会制定，或从中国保龄球协会油型库中抽取，并于测试前30天公布。

## 被测试者要求

被测试者必须身着符合保龄球礼仪规则的服装参加测试，必须穿着带袖带领T恤，男子须穿长裤，女子可穿长裤、短裤或裤裙（短裤或裤裙长度不宜超过膝盖）。被测试者进行充分热身和准备活动后方可参加测试。

从四级测试开始要求被测试者应具有一定的比赛经验。申请四～六级测试的被测试者须参加过县级及以上政府相关部门主办的比赛，或者经"标准"委员会认定的比赛，且赛事规模不小于20人。申请七级及以上测试的被测试者须参加过地级市及以上的政府相关部门主办的比赛，或者经"标准"委员会认定的比赛，且赛事规模不小于40人。

## 考官要求

考官在测试前应认真学习《保龄球竞赛规则》及本"标准"测试规则，着装应符合保龄球礼仪的要求，须严格遵循保龄球运动精神和礼仪规则。测试前考官应认真检查测试场地、器材及设备，提醒被测试者做好充分的体能准备活动。

参加测试的主考官应取得保龄球裁判员称号或是经"标准"委员会认定的考官。其中一～三级测试的主考官应为保龄球三级及以上的裁判员或经"标准"委员会认定的相应级别考官；四～六级测试的主考官应为保龄球二级及以上裁判员或经"标准"委员会认定的相应级别考官；七～九级的主考官应为保龄球一级及以上裁判员或经"标准"委员会认定的相应级别考官。所有考官均无不良执裁记录。

助考员由"标准"委员会指派，须充分理解本"标准"测试规则，且具有一定从业经验。

## 测试场馆要求

测试场馆必须保持场地干净、整洁、卫生、明亮，测试区域内无易造成伤害事故的物体或其他安全隐患，必须有安全出口和紧急疏散通道，同时须制定应急预案。整个过程须全程录像。

# 各等级测试科目

**各等级测试科目一览表**

| 等级 | 科目一 | 科目二 | 科目三 | 科目四 |
|---|---|---|---|---|
| 一级 | 基础投球 | — | — | — |
| 二级 | 基础投球-5瓶 | 左半区定向击打 | 右半区定向击打 | — |
| 三级 | 基础投球-7瓶 | 左半区定向击打 | 右半区定向击打 | — |
| 四级 | 半区交替定向击打 | 1号瓶定向击打 | 3局测试赛 | — |
| 五级、六级 | 1号瓶定向击打 | 7号瓶补中 | 10号瓶补中 | 4局测试赛 |
| 七级、八级 | 定点1-3位/1-2位击球 | 7号/10号瓶交替补中 | 6局测试赛 | — |
| 九级 | 12局测试赛 | — | — | — |

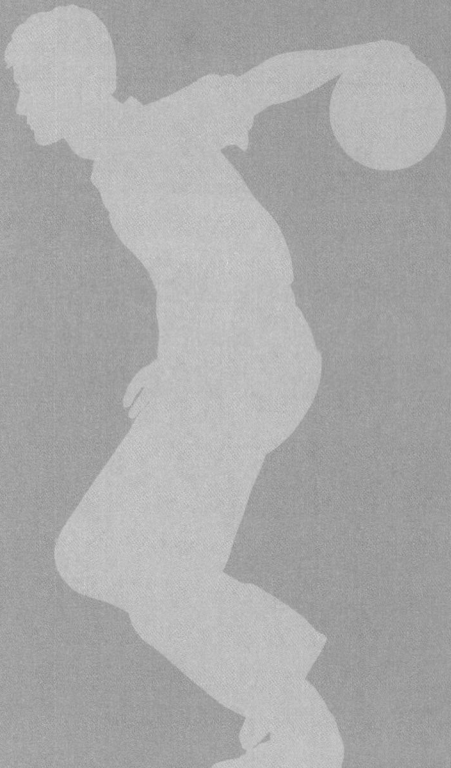

# 一级测试

# 科目：基础投球

**│测试方法及要求│**　　一级：基础投球

在指定的球道摆放10个球瓶。被测试者准备，听到助考员的发令后开始投球，被测试者可采用单手或双手任一打法。球击中任意球瓶即为成功击球（不限击倒球瓶数量）。被测试者最多连续投球20次，考评人员记录成功击球的次数。

**│要点图示及说明│**

● 被测试者可使用测试场馆的公用球及公用球鞋等器材。

● 被测试者可采用单手或双手任一打法。

**| 评分方法 |**

被测试者在规定投球次数内，累计完成8次成功击球即为合格。

## 达标标准

考评人员根据下表记录被测试者的最终成绩，被测试者取得60分及以上，则该等级达标。

**一级测试评分标准**

| 分数/分 | 基础投球/次 |
| --- | --- |
| 100 | 12 |
| 90 | 11 |
| 80 | 10 |
| 70 | 9 |
| 60 | 8 |
| 50 | 7 |
| 40 | 6 |
| 30 | 5 |
| 20 | 4 |
| 10 | 3 |

# 二级测试

# 科目一：基础投球 –5 瓶

| 测试方法及要求 |　　二级：科目一

在指定的球道摆放10个球瓶。被测试者准备，听到助考员的发令后开始投球，被测试者可采用单手或双手任一打法。球击中任意5个及以上球瓶即为成功击球。被测试者最多连续投球20次，考评人员记录成功击球的次数。

| 要点图示及说明 |

- 被测试者可使用测试场馆的公用球及公用球鞋等器材。

- 指定球道摆放10个球瓶。

| 评分方法 |

被测试者在规定投球次数内,累计完成12次成功击球即为合格。本科目测试合格后方可进入科目二测试。

# 科目二：左半区定向击打

## 测试方法及要求

二级：科目二

在指定的球道摆放1号、2号、4号、5号、7号和8号瓶。被测试者准备，听到助考员的发令后，被测试者开始投球击打左半边球瓶区，被测试者可采用单手或双手任一打法。球击中该区域任意球瓶即为成功击球（不限击倒球瓶数量）。被测试者最多连续投球20次，考评人员记录成功击球的次数。

## 要点图示及说明

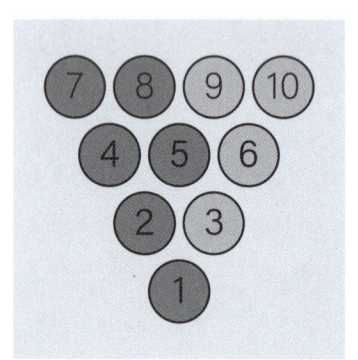

- 被测试者须击打左半区球瓶（1号、2号、4号、5号、7号和8号）。

## 评分方法

被测试者在规定投球次数内，累计完成8次成功击球即为合格。本科目测试合格后方可进入科目三测试。

# 科目三：右半区定向击打

二级：科目三

| 测试方法及要求 |

在指定的球道摆放1号、3号、5号、6号、9号和10号瓶。被测试者准备，听到助考员的发令后，被测试者开始投球击打右半边球瓶区，被测试者可采用单手或双手任一打法。球击中该区域任意球瓶即为成功击球（不限击倒球瓶数量）。被测试者最多连续投球20次，考评人员记录成功击球的次数。

| 要点图示及说明 |

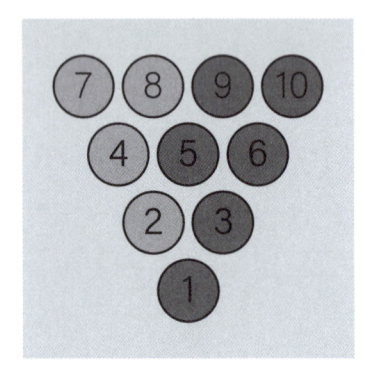

- 被测试者须击打右半区球瓶（1号、3号、5号、6号、9号和10号）。

**评分方法**

被测试者在规定投球次数内，累计完成8次成功击球即为合格。

# 达标标准

考评人员根据下表记录被测试者的最终成绩，被测试者所有科目均取得60分及以上，则该等级达标。

**二级测试评分标准**

| 分数/分 | 基础投球-5瓶/次 | 左半区定向击打/次 | 右半区定向击打/次 |
|---|---|---|---|
| 100 | 16 | 12 | 12 |
| 90 | 15 | 11 | 11 |
| 80 | 14 | 10 | 10 |
| 70 | 13 | 9 | 9 |
| 60 | 12 | 8 | 8 |
| 50 | 11 | 7 | 7 |
| 40 | 10 | 6 | 6 |
| 30 | 9 | 5 | 5 |
| 20 | 8 | 4 | 4 |
| 10 | 7 | 3 | 3 |

# 三级测试

# 科目一：基础投球–7瓶

### 测试方法及要求

三级：科目一

在指定的球道摆放10个球瓶。被测试者准备，听到助考员的发令后开始投球，被测试者可采用单手或双手任一打法。球击中任意7个及以上球瓶即为成功击球。被测试者最多连续投球20次，考评人员记录成功击球的次数。

### 要点图示及说明

- 被测试者可使用测试场馆的公用球及公用球鞋等器材。

- 被测试者在投球时脚不可超越犯规线。

**评分方法**

　　被测试者在规定投球次数内，累计完成16次成功击球即为合格。本科目测试合格后方可进入科目二测试。

## 科目二：左半区定向击打

**测试方法及要求**

三级：科目二

在指定的球道摆放1号、2号、4号、5号、7号和8号瓶。被测试者准备，听到助考员的发令后，被测试者开始投球击打左半边球瓶区，被测试者可采用单手或双手任一打法。球击中该区域任意球瓶即为成功击球（不限击倒球瓶数量）。被测试者最多连续投球20次，考评人员记录成功击球的次数。

**要点图示及说明**

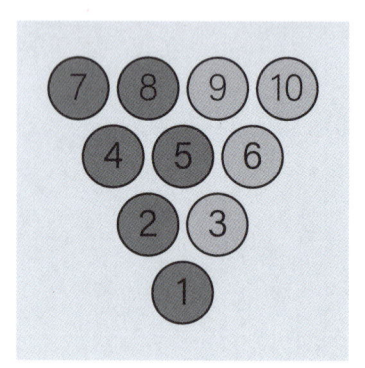

- 被测试者须击打左半区球瓶（1号、2号、4号、5号、7号和8号）。

● 被测试者投球后，击中任意球瓶即为成功击球。

| 评分方法 |

  被测试者在规定投球次数内，累计完成12次成功击球即为合格。本科目测试合格后方可进入科目三测试。

## 科目三：右半区定向击打

**| 测试方法及要求 |**

三级：科目三

在指定的球道摆放1号、3号、5号、6号、9号和10号瓶。被测试者准备，听到助考员的发令后，被测试者开始投球击打右半边球瓶区，被测试者可采用单手或双手任一打法。球击中该区域任意球瓶即为成功击球（不限击倒球瓶数量）。被测试者最多连续投球20次，考评人员记录成功击球的次数。

**| 要点图示及说明 |**

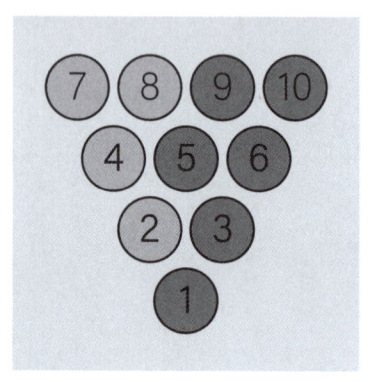

- 被测试者须击打右半区球瓶（1号、3号、5号、6号、9号和10号）。

- 被测试者投球后,击中任意球瓶即为成功击球。

| 评分方法 |

被测试者在规定投球次数内,累计完成12次成功击球即为合格。

# 达标标准

考评人员根据下表记录被测试者的最终成绩,被测试者所有科目均取得60分及以上,则该等级达标。

**三级测试评分标准**

| 分数/分 | 基础投球-7瓶/次 | 左半区定向击打/次 | 右半区定向击打/次 |
|---|---|---|---|
| 100 | 20 | 16 | 16 |
| 90 | 19 | 15 | 15 |
| 80 | 18 | 14 | 14 |
| 70 | 17 | 13 | 13 |
| 60 | 16 | 12 | 12 |
| 50 | 15 | 11 | 11 |
| 40 | 14 | 10 | 10 |
| 30 | 13 | 9 | 9 |
| 20 | 12 | 8 | 8 |
| 10 | 11 | 7 | 7 |

# 四级测试

# 科目一：半区交替定向击打

**四级：科目一**

**测试方法及要求**

在指定球道的左半区摆放2号、4号、7号和8号瓶，右半区摆放3号、6号、9号和10号瓶。被测试者准备，听到助考员的发令后开始投球，依次击打左半区和右半区的球瓶，此为1次交替投球。被测试者可采用单手或双手任一打法。单次交替投球中，击中左半区及右半区内的任意球瓶即为成功击球（不限击倒球瓶数量）。被测试者最多连续交替投球20次，考评人员记录成功次数。被测试者最多连续投球20次，考评人员记录成功击球的次数。

**要点图示及说明**

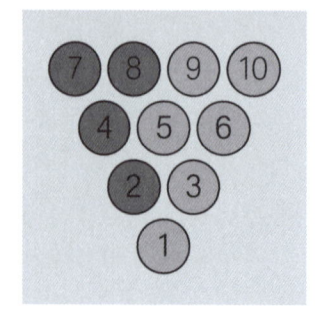

- 被测试者须在指定球道击打左半区（2号、4号、7号和8号）及右半区（3号、6号、9号和10号）球瓶。

- 被测试者须自带专用保龄球、球鞋等器材。

| 评分方法 |

被测试者在规定投球次数内，累计完成16次成功击球即为合格。本科目测试合格后方可进入科目二测试。

## 科目二：1号瓶定向击打

| 测试方法及要求 |

四级：科目二

在指定的球道摆放1号瓶。被测试者准备，听到助考员的发令后，被测试者开始投球，被测试者可采用单手或双手任一打法。球击中1号瓶即为成功击球。被测试者最多连续投球20次，考评人员记录成功击球的次数。

| 要点图示及说明 |

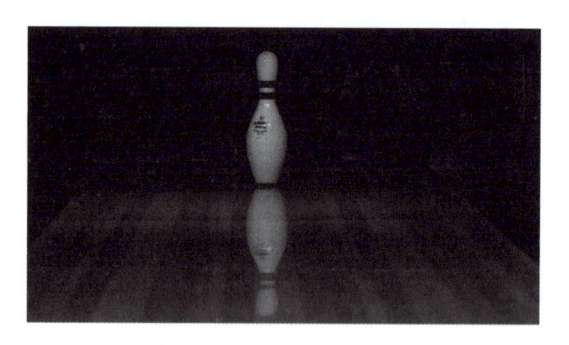

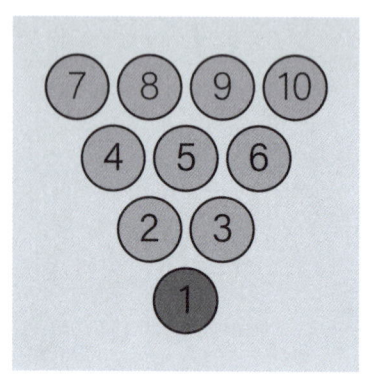

- 被测试者须在指定球道击打1号瓶。

**▎评分方法▎**

被测试者在规定投球次数内,累计完成8次成功击球即为合格。本科目测试合格后方可进入科目三测试。

## 科目三：3局测试赛

| 测试方法及要求 |

四级：科目三

测试使用传统计分方法，被测试者须连续完成3局测试赛。比赛采用交叉球道的方式进行，每局结束后须进行移动球道。

交叉球道：即一局比赛在相邻的两条球道（共用一个回球机）上进行，被测试者在一条球道上投完一格后，换到另一条球道上投下一格，直至在这一对球道上完成一局比赛。

移动球道：即一局比赛结束后向左或向右移动球道，移动球道的数量须根据测试人数及使用的球道决定。

被测试者可采用单手或双手任一打法。考评人员记录被测试者每局分数，并计算平均分，计分表须经被测试者核对、签名后方可提交。

| 要点图示及说明 |

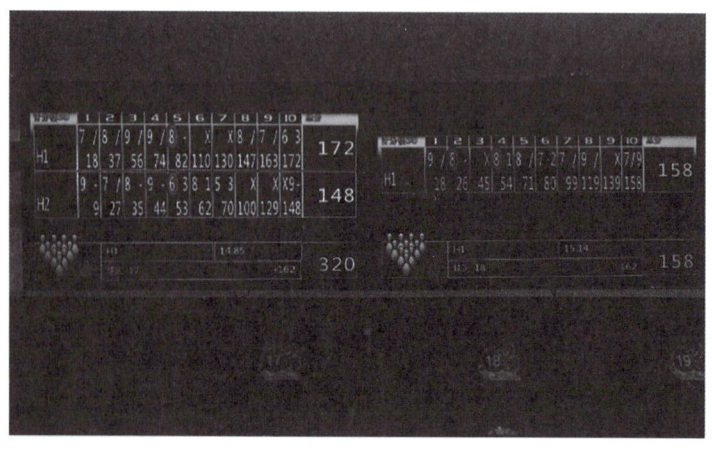

- 被测试者完成10格计分，即为一局；移动球道的数量由测试人数及使用的球道决定。

| 青少年保龄球运动技能等级测试计分表 |||||||
|---|---|---|---|---|---|---|
| 时　间： ||||||||
| 地　点： ||||||||
| 球道<br>姓　名 | 第一局 | 第二局 | 第三局 | 总　分 | 平均分 |
|  |  |  |  |  |  |
| 运动员签字： ||||||
| 记分员签字： ||||||

- 每局比赛结束后，由记分员考评人员记录运动员成绩，被测试者须核对并签字确认。

| 评分方法 |

被测试者完成3局测试，平均分达到110分即为合格。

# 达标标准

考评人员根据下表记录被测试者的最终成绩，被测试者所有科目均取得60分及以上，则该等级达标。

**四级测试评分标准**

| 分数/分 | 半区交替定向击打/次 | 1号瓶定向击打/次 | 3局测试赛/分 |
|---|---|---|---|
| 100 | 20 | 12 | 150 |
| 90 | 19 | 11 | 140 |
| 80 | 18 | 10 | 130 |
| 70 | 17 | 9 | 120 |
| 60 | 16 | 8 | 110 |
| 50 | 15 | 7 | 100 |
| 40 | 14 | 6 | 90 |
| 30 | 13 | 5 | 80 |
| 20 | 12 | 4 | 70 |
| 10 | 11 | 3 | 60 |

# 五级测试

# 科目一：1号瓶定向击打

**| 测试方法及要求 |**　　五级：科目一

在指定的球道摆放1号瓶。被测试者准备，听到助考员的发令后，被测试者开始投球，被测试者可采用单手或双手任一打法。球击中1号瓶即为成功击球。被测试者最多连续投球20次，考评人员记录成功击球的次数。

**| 要点图示及说明 |**

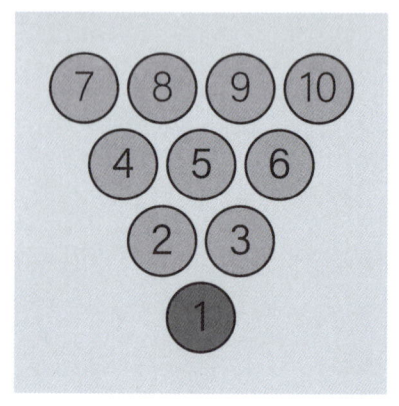

- 被测试者须在指定球道击打1号瓶。

- 被测试者须自带专用保龄球、球鞋等器材。

| 评分方法 |

被测试者在规定投球次数内,累计完成12次成功击球即为合格。本科目测试合格后方可进入科目二测试。

## 科目二：7号瓶补中

**| 测试方法及要求 |**

五级：科目二

在指定的球道摆放7号瓶。被测试者准备，听到助考员的发令后，被测试者开始投球，被测试者可采用单手或双手任一打法。球击中7号瓶即为成功击球。被测试者最多连续投球20次，考评人员记录成功击球的次数。

**| 要点图示及说明 |**

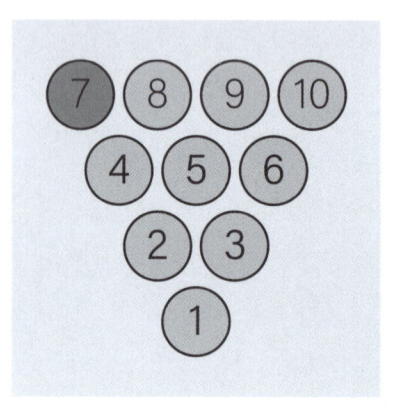

- 被测试者须在指定球道击打7号瓶。

● 被测试者在投球时脚不可超越犯规线。

| 评分方法 |

　　被测试者在规定投球次数内，累计完成8次成功击球即为合格。本科目测试合格后方可进入科目三测试。

## 科目三：10号瓶补中

**| 测试方法及要求 |**

五级：科目三

在指定的球道摆放10号瓶。被测试者准备，听到助考员的发令后，被测试者开始投球，被测试者可采用单手或双手任一打法。球击中10号瓶即为成功击球。被测试者最多连续投球20次，考评人员记录成功击球的次数。

**| 要点图示及说明 |**

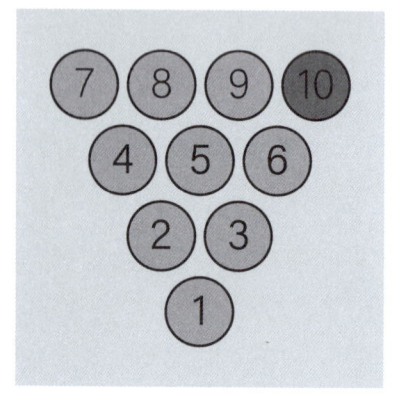

- 被测试者须在指定球道击打10号瓶。

● 被测试者在投球时，脚不可超越犯规线。

## 评分方法

被测试者在规定投球次数内，累计完成8次成功击球即为合格。本科目测试合格后方可进入科目四测试。

# 科目四：4局测试赛

| 测试方法及要求 |

五级：科目四

测试使用传统计分方法，被测试者须连续完成4局测试赛。比赛采用交叉球道的方式进行，每局结束后须进行移动球道。

交叉球道：即一局比赛在相邻的两条球道（共用一个回球机）上进行，被测试者在一条球道上投完一格后，换到另一条球道上投下一格，直至在这一对球道上完成一局比赛。

移动球道：即一局比赛结束后向左或向右移动球道，移动球道的数量须根据测试人数及使用的球道决定。

被测试者可采用单手或双手任一打法。考评人员记录被测试者每局分数，并计算平均分，计分表须经被测试者核对、签名后方可提交。

| 要点图示及说明 |

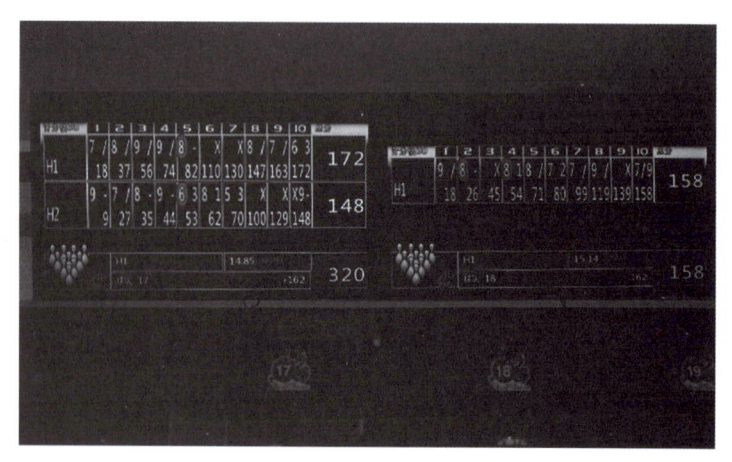

- 被测试者完成10格计分，即为一局；移动球道的数量由测试人数及使用的球道决定。

| 青少年保龄球运动技能等级测试计分表 |||||||
|---|---|---|---|---|---|---|
| 时　间： ||||||||
| 地　点： ||||||||
| 球道<br>姓　名 | 第一局 | 第二局 | 第三局 | 第四局 | 总　分 | 平均分 |
|  |  |  |  |  |  |  |
| 运动员签字： ||||||||
| 记分员签字： ||||||||

- 每局比赛结束后，由记分员考评人员记录运动员成绩，被测试者须核对并签字确认。

## 评分方法

被测试者须完成4局测试，平均分达到130分即为合格。

# 达标标准

考评人员根据下表记录被测试者的最终成绩,被测试者所有科目均取得60分及以上,则该等级达标。

**五级测试评分标准**

| 分数/分 | 1号瓶定向击打/次 | 7号瓶补中/次 | 10号瓶补中/次 | 4局测试赛/分 |
| --- | --- | --- | --- | --- |
| 100 | 16 | 12 | 12 | 170 |
| 90 | 15 | 11 | 11 | 160 |
| 80 | 14 | 10 | 10 | 150 |
| 70 | 13 | 9 | 9 | 140 |
| 60 | 12 | 8 | 8 | 130 |
| 50 | 11 | 7 | 7 | 120 |
| 40 | 10 | 6 | 6 | 110 |
| 30 | 9 | 5 | 5 | 100 |
| 20 | 8 | 4 | 4 | 90 |
| 10 | 7 | 3 | 3 | 80 |

# 六级测试

# 科目一：1号瓶定向击打

**│测试方法及要求│**　六级：科目一

在指定的球道摆放1号瓶。被测试者准备，在听到助考员的发令后开始投球。被测试者可采用单手或双手任一打法。球击中1号瓶即为成功击球。被测试者连续投球20次，考评人员记录成功次数。

**│要点图示及说明│**

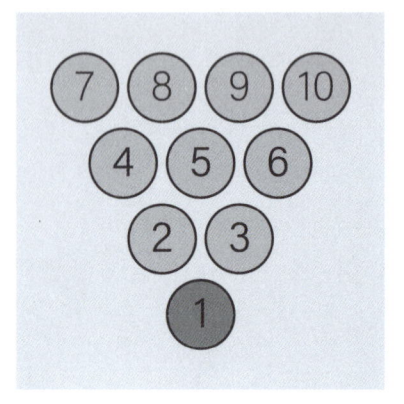

- 被测试者须在指定球道击打1号瓶。

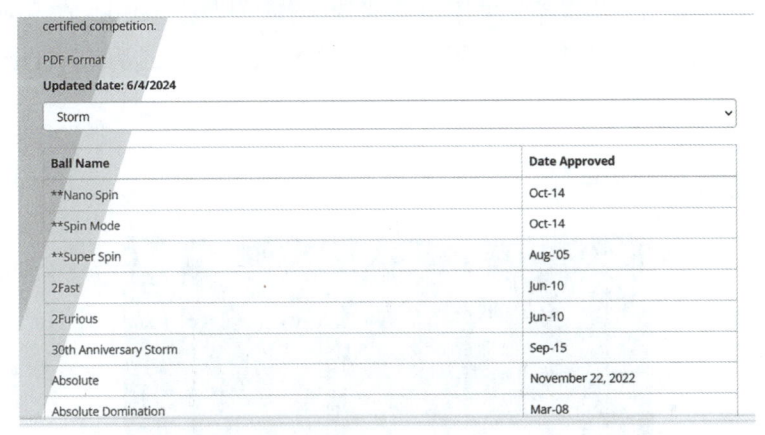

- 被测试者自带的专用保龄球须可在USBC批准清单中查到。

## 评分方法

被测试者在规定投球次数内，累计完成16次成功击球即为合格。本科目测试合格后方可进入科目二测试。

# 科目二：7号瓶补中

六级：科目二

| 测试方法及要求 |

在指定的球道摆放7号瓶。被测试者准备，听到助考员的发令后，被测试者开始投球，被测试者可采用单手或双手任一打法。球击中7号瓶即为成功击球。被测试者最多连续投球20次，考评人员记录成功击球的次数。

| 要点图示及说明 |

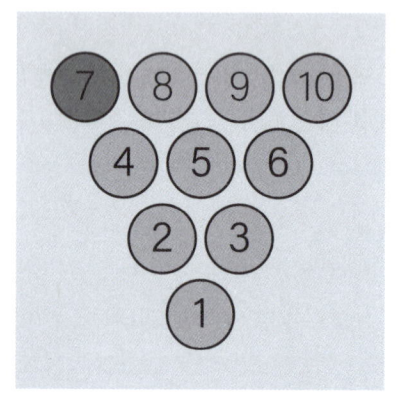

- 被测试者须在指定球道击打7号瓶。

- 被测试者投球后,球击中7号瓶前落入球沟,再弹起击中球瓶的,将被认定为击球失败。

## 评分方法

被测试者在规定投球次数内,累计完成12次成功击球即为合格。本科目测试合格后方可进入科目三测试。

## 科目三：10号瓶补中

六级：科目三

**| 测试方法及要求 |**

在指定的球道摆放10号瓶。被测试者准备，听到助考员的发令后，被测试者开始投球，被测试者可采用单手或双手任一打法。球击中10号瓶即为成功击球。被测试者最多连续投球20次，考评人员记录成功击球的次数。

**| 要点图示及说明 |**

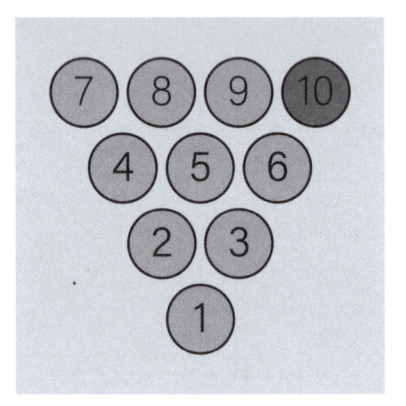

- 被测试者须在指定球道击打10号瓶。

六级测试

- 被测试者投球后，球击中10号瓶前落入球沟，再弹起击中球瓶的，将被认定为击球失败。

| 评分方法 |

　　被测试者在规定投球次数内，累计完成12次成功击球即为合格。本科目测试合格后方可进入科目四测试。

# 科目四：4局测试赛

六级：科目四

**| 测试方法及要求 |**

测试使用传统计分方法，被测试者须连续完成4局测试赛。比赛采用交叉球道的方式进行，每局结束后须进行移动球道。

交叉球道：即一局比赛在相邻的两条球道（共用一个回球机）上进行，被测试者在一条球道上投完一格后，换到另一条球道上投下一格，直至在这一对球道上完成一局比赛。

移动球道：即一局比赛结束后向左或向右移动球道，移动球道的数量须根据测试人数及使用的球道决定。

被测试者可采用单手或双手任一打法。考评人员记录被测试者每局分数，并计算平均分，计分表须经被测试者核对、签名后方可提交。

**| 要点图示及说明 |**

- 比赛过程中，被测试者不得自行操作计分系统。

| 青少年保龄球运动技能等级测试计分表 |||||||
|---|---|---|---|---|---|---|
| 时　间： ||||||||
| 地　点： ||||||||
| 球　道<br>姓　名 | 第一局 | 第二局 | 第三局 | 第四局 | 总　分 | 平均分 |
|  |  |  |  |  |  |  |
| 运动员签字： |  |  |  |  |  |  |
| 记分员签字： |  |  |  |  |  |  |

- 每局比赛结束后，由记分员考评人员记录运动员成绩，被测试者须核对并签字确认。

## 评分方法

被测试者须完成4局测试，平均分达到150分即为合格。

## 达标标准

考评人员根据下表记录被测试者的最终成绩，被测试者所有科目均取得60分及以上，则该等级达标。

**六级测试评分标准**

| 分数/分 | 1号瓶定向击打/次 | 7号瓶补中/次 | 10号瓶补中/次 | 4局测试赛/分 |
| --- | --- | --- | --- | --- |
| 100 | 20 | 16 | 16 | 190 |
| 90 | 19 | 15 | 15 | 180 |
| 80 | 18 | 14 | 14 | 170 |
| 70 | 17 | 13 | 13 | 160 |
| 60 | 16 | 12 | 12 | 150 |
| 50 | 15 | 11 | 11 | 140 |
| 40 | 14 | 10 | 10 | 130 |
| 30 | 13 | 9 | 9 | 120 |
| 20 | 12 | 8 | 8 | 110 |
| 10 | 11 | 7 | 7 | 100 |

# 七级测试

## 科目一：定点1-3位/1-2位击球

七级：科目一

**测试方法及要求**

在指定的球道摆放10个球瓶，被测试者任选一个点位（1-3位或1-2位）进行测试。被测试者准备，在听到助考员的发令后开始投球。被测试者可采用单手或双手任一打法。球击中目标点位即为成功击球。被测试者最多连续投球20次，考评人员记录成功次数。

**要点图示及说明**

- 1-3位即球同时击中1号和3号瓶；1-2位即球同时击中1号和2号瓶。

- 被测试者须在测试开始前确认击球点位。

**评分方法**

被测试者在规定投球次数内，累计完成12次成功击球即为合格。本科目测试合格后方可进入科目二测试。

# 科目二：7号/10号瓶交替补中

| 测试方法及要求 |

七级：科目二

在指定的球道摆放7号和10号瓶。被测试者准备，听到助考员的发令后开始投球，依次击打7号和10号瓶，此为1次交替投球。被测试者可采用单手或双手任一打法。单次交替投球中，7号和10号瓶皆被击中即为成功击球。被测试者最多连续交替投球20次，考评人员记录成功次数。

| 要点图示及说明 |

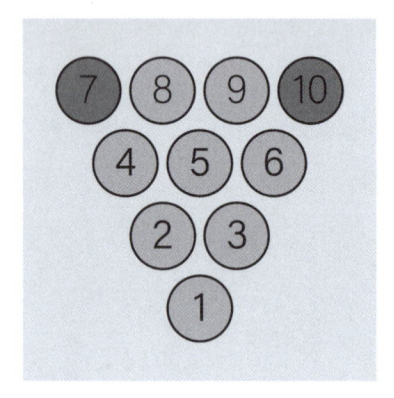

- 被测试者须在指定球道交替击打7号和10号瓶。

# 七级测试

- 被测试者在一次交替投球中，仅打中7号瓶或10号瓶，将被认定为击球失败。

## 评分方法

被测试者在规定投球次数内，累计完成14次成功击球即为合格。本科目测试合格后方可进入科目三测试。

## 科目三：6局测试赛

| 测试方法及要求 |

七级：科目三

测试使用传统计分方法，被测试者须连续完成6局测试赛。比赛采用交叉球道的方式进行，每局结束后须进行移动球道。

交叉球道：即一局比赛在相邻的两条球道（共用一个回球机）上进行，被测试者在一条球道上投完一格后，换到另一条球道上投下一格，直至在这一对球道上完成一局比赛。

移动球道：即一局比赛结束后向左或向右移动球道，移动球道的数量须根据测试人数及使用的球道决定。

被测试者可采用单手或双手任一打法。考评人员记录被测试者每局分数，并计算平均分，计分表须经被测试者核对、签名后方可提交。

| 要点图示及说明 |

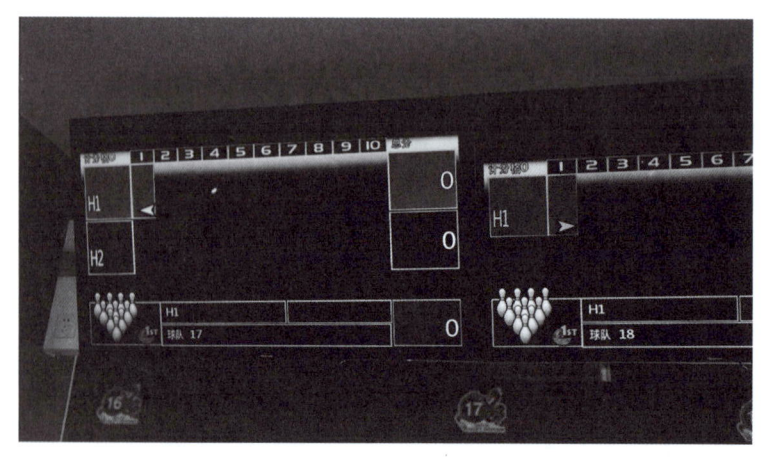

- 测试采用抽签的形式决定被测试者所用的球道。

七级测试

- 测试时,被测试者应注意礼让球道,等相邻球道被测试者投球结束后再进行投球。

| 评分方法 |

被测试者须完成6局测试,平均分达到170分即为合格。

# 达标标准

考评人员根据下表记录被测试者的最终成绩，被测试者所有科目均取得60分及以上，则该等级达标。

**七级测试评分标准**

| 分数/分 | 定点1-3位/1-2位击球/次 | 7号/10号瓶交替补中/次 | 6局测试赛/分 |
| --- | --- | --- | --- |
| 100 | 16 | 18 | 210 |
| 90 | 15 | 17 | 200 |
| 80 | 14 | 16 | 190 |
| 70 | 13 | 15 | 180 |
| 60 | 12 | 14 | 170 |
| 50 | 11 | 13 | 160 |
| 40 | 10 | 12 | 150 |
| 30 | 9 | 11 | 140 |
| 20 | 8 | 10 | 130 |
| 10 | 7 | 9 | 120 |

# 八级测试

## 科目一：定点 1-3 位 /1-2 位击球

**│ 测试方法及要求 │**　八级：科目一

在指定的球道摆放 10 个球瓶，被测试者任选一个点位（1-3 位或 1-2 位）进行测试。被测试者准备，在听到助考员的发令后开始投球。被测试者可采用单手或双手任一打法。球击中目标点位即为成功击球。被测试者连续投球 20 次，考评人员记录成功次数。

**│ 要点图示及说明 │**

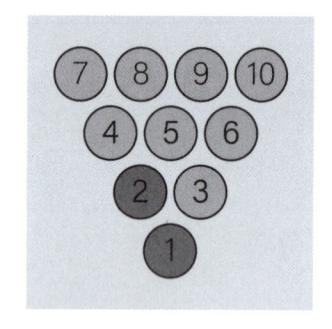

- 1-3 位即球同时击中 1 号和 3 号瓶；1-2 位即球同时击中 1 号和 2 号瓶。

- 被测试者须在测试开始前确认击球点位。

| 评分方法 |

　　被测试者在规定投球次数内，累计完成16次成功击球即为合格。本科目测试合格后方可进入科目二测试。

# 科目二：7号/10号瓶补中

| 测试方法及要求 |

八级：科目二

在指定的球道摆放7号和10号瓶。被测试者准备，听到助考员的发令后开始投球，依次击打7号和10号瓶，此为1次交替投球。被测试者可采用单手或双手任一打法。单次交替投球中，7号和10号瓶皆被击中即为成功击球。被测试者连续交替投球20次，考评人员记录成功次数。

| 要点图示及说明 |

- 被测试者须在指定球道按照顺序交替击打球瓶（先7号瓶，后10号瓶）。

## 评分方法

被测试者在规定投球次数内，累计完成16次成功击球即为合格。本科目测试合格后方可进入科目三测试。

## 科目三：6局测试赛

| 测试方法及要求 |

八级：科目三

测试使用传统计分方法,被测试者须连续完成6局测试赛。比赛采用交叉球道的方式进行,每局结束后须进行移动球道。

交叉球道：即一局比赛在相邻的两条球道(共用一个回球机)上进行,被测试者在一条球道上投完一格后,换到另一条球道上投下一格,直至在这一对球道上完成一局比赛。

移动球道：即一局比赛结束后向左或向右移动球道,移动球道的数量须根据测试人数及使用的球道决定。

被测试者可采用单手或双手任一打法。考评人员记录被测试者每局分数,并计算平均分,计分表须经被测试者核对、签名后方可提交。

| 要点图示及说明 |

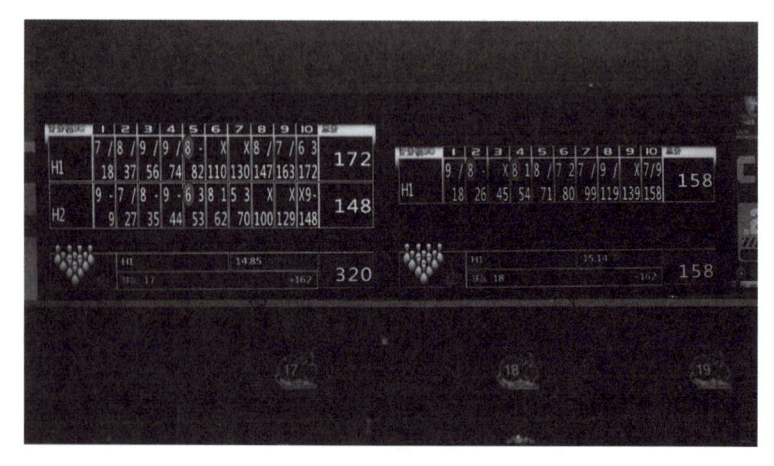

- 采用交叉球道的方式进行测试,即在左、右球道交替进行一格投球,直至完成当局比赛。

| 青少年保龄球运动技能等级测试计分表 |||||||||
|---|---|---|---|---|---|---|---|---|
| 时 间： ||||||||||
| 地 点： ||||||||||
| 球道＼姓名 | 第一局 | 第二局 | 第三局 | 第四局 | 第五局 | 第六局 | 总 分 | 平均分 |
|  |  |  |  |  |  |  |  |  |
| 运动员签字： ||||||||||
| 记分员签字： ||||||||||

- 每局比赛结束后，由记分员考评人员记录运动员成绩，被测试者须核对并签字确认。

**评分标准**

被测试者须完成6局测试，平均分达到180分即为合格。

# 达标标准

考评人员根据下表记录被测试者的最终成绩,被测试者所有科目均取得60分及以上,则该等级达标。

**八级测试评分标准**

| 分数/分 | 定点1-3位/1-2位击球/次 | 7号/10号瓶交替补中/次 | 6局测试赛/分 |
| --- | --- | --- | --- |
| 100 | 20 | 20 | 220 |
| 90 | 19 | 19 | 210 |
| 80 | 18 | 18 | 200 |
| 70 | 17 | 17 | 190 |
| 60 | 16 | 16 | 180 |
| 50 | 15 | 15 | 170 |
| 40 | 14 | 14 | 160 |
| 30 | 13 | 13 | 150 |
| 20 | 12 | 12 | 140 |
| 10 | 11 | 11 | 130 |

# 九级测试

# 科目：12局测试赛

**九级：12局测试赛**

| 测试方法及要求 |

测试使用传统计分方法，被测试者须连续完成12局测试赛，分2节进行，每节6局。比赛采用交叉球道的方式进行，每局结束后须进行移动球道。

交叉球道：即一局比赛在相邻的两条球道（共用一个回球机）上进行，被测试者在一条球道上投完一格后，换到另一条球道上投下一格，直至在这一对球道上完成一局比赛。

移动球道：即一局比赛结束后向左或向右移动球道，移动球道的数量须根据测试人数及使用的球道决定。

被测试者可采用单手或双手任一打法。考评人员记录被测试者每局分数，并计算平均分，计分表须经被测试者核对、签名后方可提交。

| 要点图示及说明 |

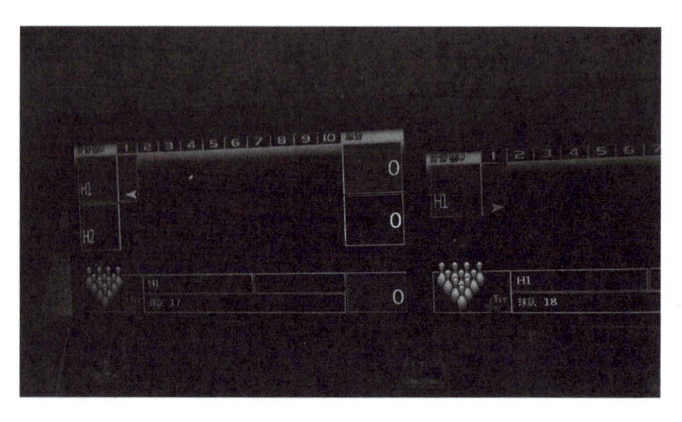

- 采用交叉球道的方式进行测试，即在相邻的两条球道交替进行一格投球，直至完成当局比赛。

**评分标准**

被测试者须完成12局测试,平均分达到190分即为合格。

## 达标标准

考评人员根据下表记录被测试者的最终成绩，被测试者取得60分及以上，则该等级达标。

九级测试评分标准

| 分数/分 | 12局测试赛/分 |
| --- | --- |
| 100 | 230 |
| 90 | 220 |
| 80 | 210 |
| 70 | 200 |
| 60 | 190 |
| 50 | 180 |
| 40 | 170 |
| 30 | 160 |
| 20 | 150 |
| 10 | 140 |